Polepogu Rajesh

System samochodowej czarnej skrzynki do wykrywania wypadków

Polepogu Rajesh

System samochodowej czarnej skrzynki do wykrywania wypadków

Wydawnictwo Bezkresy Wiedzy

Imprint

Cover image: www.ingimage.com

Publisher:
Wydawnictwo Bezkresy Wiedzy
is a trademark of
International Book Market Service Ltd., member of OmniScriptum Publishing Group
17 Meldrum Street, Beau Bassin 71504, Mauritius

Printed at: see last page
ISBN: 978-620-0-54496-4

Drogi czytelniku,

książka, którą posiadasz, została pierwotnie wydana pod tytułem "Automobile Black Box System for Accident Detection", ISBN 978-620-0-08050-9.

Jego publikacja w języku polskim jest możliwa dzięki zastosowaniu najbardziej zaawansowanej sztucznej inteligencji dla języków.

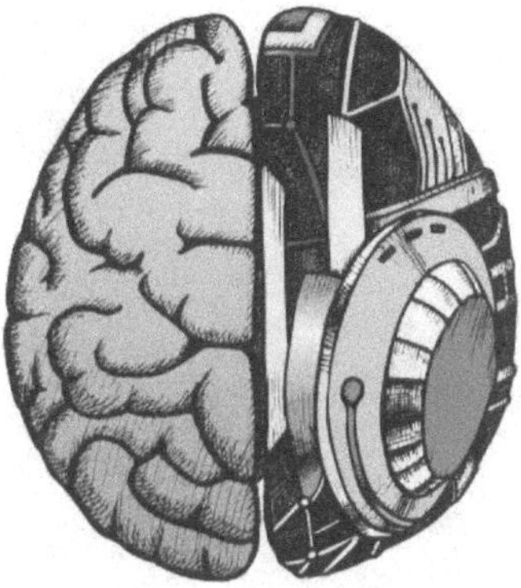

Technologia ta, uhonorowana pierwszą w historii Honorową Nagrodą Sztucznej Inteligencji w Berlinie we wrześniu 2019 r., naśladuje sposób działania ludzkiego mózgu, dzięki czemu jest w stanie uchwycić i przetłumaczyć nawet najmniejsze niuanse w bezprecedensowy sposób.

Mamy nadzieję, że znajdą Państwo wiele satysfakcji z tej książki i uprzejmie prosimy o uwzględnienie wszelkich rozbieżności językowych, które mogłyby wyniknąć z tego procesu.

Miłego czytania!

Wydawnictwo Bezkresy Wiedzy

SAMOCHÓD CZARNY
SYSTEM POLEJOWY
DLA
DODATEK
DETEKCJA

Biografia autora

Pan Polepogu Rajesh urodził się w Chejarla, w dzielnicy Guntur, Andhra Pradesh. 7 stycznia 1984 r. otrzymał stopień B.Tech w dziedzinie Elektroniki i Inżynierii Oprzyrządowania od Bapatla Engineering College, Bapatla, Andhra Pradesh w 2007 r. oraz tytuł M.Tech w dziedzinie oprzyrządowania i systemów sterowania od JNT University College of Engineering, JNTU Kakinada, Kakinada w 2010 r. Posiada 9 lat doświadczenia w nauczaniu. Obecnie pracuje jako adiunkt w V.R Siddhartha Engineering College, Vijayawada, Andhra Pradesh, Indie. Jest autorem ponad dziewiętnastu artykułów naukowych w czasopismach referendalnych i ponad dziewięciu artykułów w pracach konferencyjnych. Interesuje się czujnikami i przetwornikami, oprzyrządowaniem i adaptacyjnym przetwarzaniem sygnału, stochastycznym przetwarzaniem sygnału, biomedycznym przetwarzaniem sygnału.

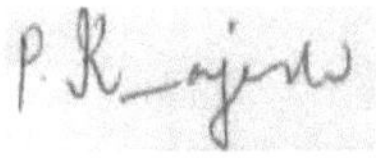

(Rajesh Polepogu)

Podziękowanie

Przede wszystkim, chwała i podziękowania dla Boga, Wszechmogącego, za Jego prysznice błogosławieństw w całej mojej pracy, aby zakończyć książkę pomyślnie.

Jestem niezmiernie wdzięczna moim rodzicom za ich miłość, modlitwy, troskę i poświęcenie dla wychowania i przygotowania mnie na przyszłość. Dziękuję również mojej siostrze, bracie, za wsparcie i cenne modlitwy.

Polepogu Rajesh

Streszczenie

Samochody i technologie obliczeniowe tworzą nowy poziom usług w zakresie danych w pojazdach. Czarna skrzynka samochodowa posiada funkcje podobne do czarnej skrzynki samolotowej. Służy do analizy przyczyn wypadków drogowych i zapobiegania utracie życia i mienia w wyniku wypadków samochodowych. Ta książka proponuje prototyp systemu Automobile Black Box, który może być instalowany w pojazdach. System ma na celu osiągnięcie analizy wypadków poprzez obiektywne śledzenie tego, co dzieje się w pojazdach. System obejmuje również zwiększenie bezpieczeństwa poprzez zapobieganie manipulowaniu danymi z czarnej skrzynki. Ponadto, Czarna skrzynka wysyła wiadomość alarmową na wcześniej zapisany numer telefonu komórkowego za pośrednictwem usługi Short Message Service (SMS) w przypadku wystąpienia wypadku. Proponowany system wykorzystuje 7 czujników do rejestracji różnych parametrów danych dotyczących jazdy. Do regulacji tych czujników służą kontroler Raspberry Pi (RPi) oraz kontrolery Arduino. Dane otrzymane z czujników są zapisywane na karcie SD zamontowanej na RPi w celu ich odzyskania po wypadku. System wykorzystuje zewnętrzne czujniki, takie jak aparat fotograficzny i Globalny System Pozycjonowania (GPS), do gromadzenia danych wideo i lokalizacji.

Spis treści

Lista danych liczbowych

Lista tabel

1. Wprowadzenie

Ponieważ liczba pojazdów wzrosła w ogromnym tempie w ostatnim stuleciu, świat stał się całkowicie zależny od pojazdów do celów transportowych. Jednak z powodu dużego natężenia ruchu i niewłaściwych sposobów jazdy, a czasem przypadkowo także z powodu wypadków powodujących dużą liczbę ofiar, pojazdy te borykają się z problemami. Czarna skrzynka jest umieszczana w pojazdach, aby uzyskać informację, jaka dokładnie była sytuacja, gdy samochód spotkał się z wypadkiem. Jeżeli w razie wypadku, pasażerowie są chronieni za pomocą różnych aktywnych i pasywnych systemów bezpieczeństwa, które są wbudowane w pojazdy. Ale ustalenie prawdziwej przyczyny wypadku jest bardzo ważne z wielu powodów.

Prawdziwą przyczynę wypadku można znaleźć, jeśli znane są zdarzenia, które doprowadziły do wypadku. Konieczne jest więc ustalenie przyczyny wypadku, co można osiągnąć za pomocą Czarnej skrzynki. System Black Box wysyła czas i miejsce na ustawiony numer w razie wypadku w celu ratowania i leczenia. Zalety ewentualnego zamontowania czarnych skrzynek do zapisu parametrów są przydatne w wyjaśnianiu przyczyn wypadków w pojazdach drogowych. System czarnej skrzynki przechowuje informacje o położeniu i dane w pojeździe. Obsługuje on komunikację bezprzewodową w celu wymiany danych z czarną skrzynką i umożliwia korzystanie z usług osób trzecich oraz jest zabezpieczony przed manipulacją. Potrzebna jest czarna skrzynka w samochodzie do badań po wypadku.

1.1 Cel

- Głównym celem systemu Black Box do wykrywania wypadków jest analiza wypadku poprzez obiektywne śledzenie tego, co dzieje się w pojazdach, system wysyła krótki komunikat wskazujący pozycję pojazdu przez system GPS na zapisany wcześniej numer.
- System składa się z mikrokontrolera i różnych czujników do rejestracji różnych parametrów danych jazdy.
- Analiza wypadków odbywa się poprzez strategiczne rozmieszczenie czujników w pojeździe i wokół niego.

2.Części składowe Opis

2.1 Zasilanie

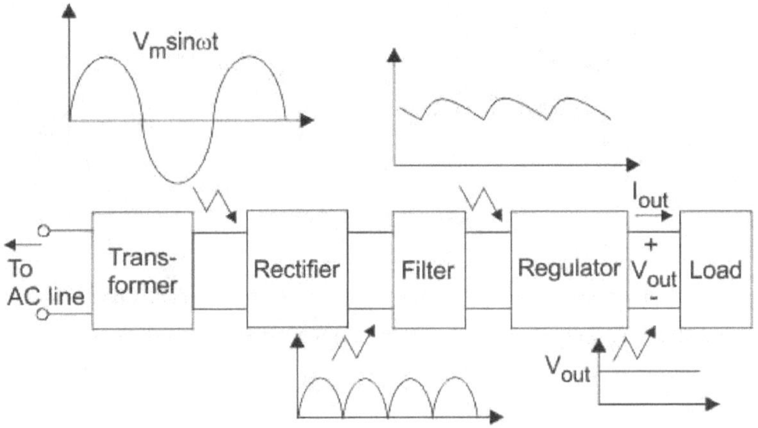

Rys. 2.1 elementy typowego zasilacza liniowego

2.1.1 Transformator

Wyjście Kształt fali wyjściowej transformatora

- Przetwarza prąd zmienny z jednego napięcia na drugie przy niewielkich stratach mocy
- Tutaj używamy transformatora stopniowego
- WSKAŹNIK CZASOWY (Vp / Vs) = (Np / Ns)

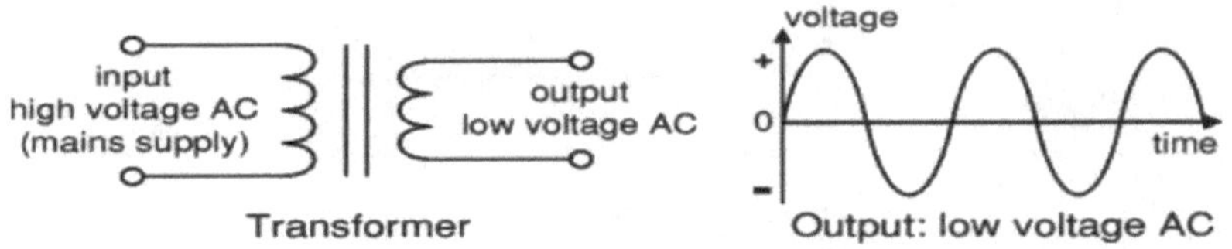

Rys. 2.2 Transformator

2.1.2 Prostownik

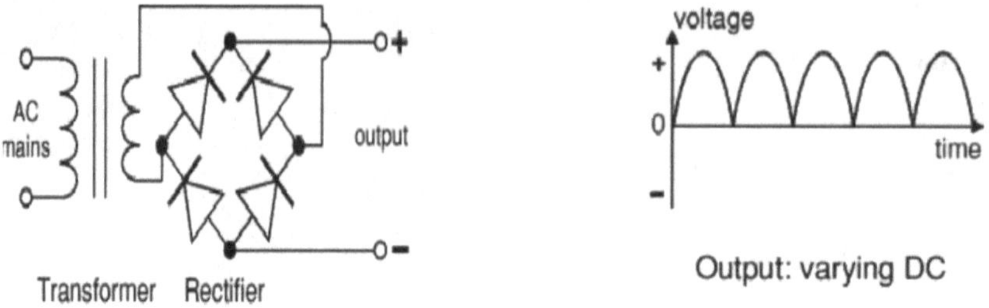

Rys. 2.3 Prostownik

- Prostownik przekształca prąd przemienny na stały, ale wyjście prądu stałego jest zmienne.
- Istnieje kilka typów prostowników; tutaj używamy prostownika mostowego

2.1.3 Wygładzanie

- Blok wygładzający wygładza napięcie stałe od bardzo zmiennych do małych tętnień, a napięcie tętnień jest definiowane jako odchylenie napięcia obciążenia od jego wartości stałej.
- Wygładzanie jest zawsze nazywane filtrowaniem
- Filtrowanie odbywa się często poprzez manewrowanie obciążeniem za pomocą kondensatora.

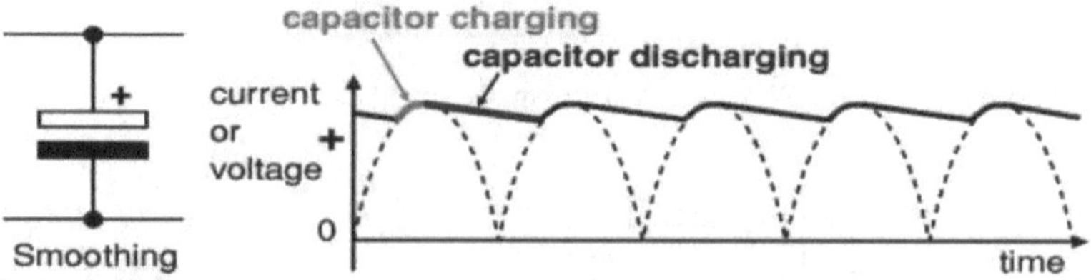

Rys. 2.4 Wygładzanie

2.1.4 Regulator

- Regulator eliminuje tętnienia poprzez ustawienie wyjścia DC na stałe napięcie. Układy scalone regulatorów napięcia są dostępne ze stałymi (zazwyczaj 5V, 12V i 15V) lub zmiennymi napięciami wyjściowymi.
- Dostępne są również regulatory ujemnego napięcia

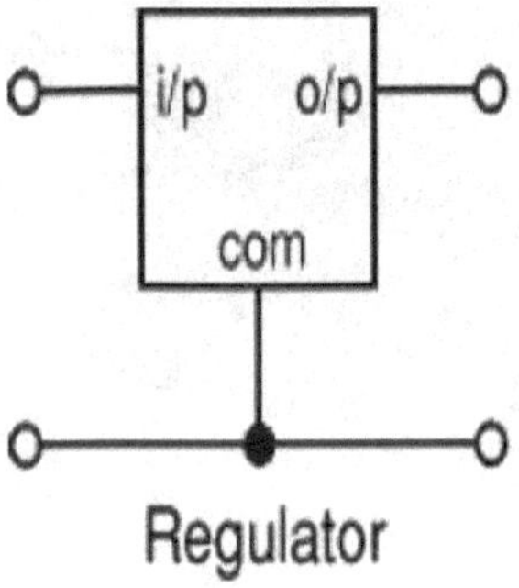

Rys. 2.5 Regulator

- Wiele układów scalonych regulatora stałego napięcia posiada 3 przewody (wejściowy, wyjściowy i o wysokiej impedancji).
- Zawierają one otwór do zamocowania radiatora, jeśli to konieczne

2.2 Akumulator kwasowo-ołowiowy

Akumulator kwasowo-ołowiowy został wynaleziony w 1859 roku przez francuskiego fizyka Gastona Planté i jest najstarszym typem akumulatora. Pomimo bardzo niskiego stosunku energii do masy i niskiego stosunku energii do objętości, jego zdolność do dostarczania dużych prądów udarowych oznacza, że ogniwa mają stosunkowo duży stosunek energii do masy. Te cechy, wraz z ich niską ceną, czynią je atrakcyjnymi do stosowania w pojazdach silnikowych, aby zapewnić wysoki prąd wymagany przez rozruszniki samochodowe.

Ponieważ są one niedrogie w porównaniu z nowszymi technologiami, akumulatory ołowiowo-kwasowe są powszechnie stosowane nawet wtedy, gdy nie ma znaczenia prąd udarowy, a inne konstrukcje mogą zapewnić większą gęstość energii.

Rys. 2.6 Akumulator kwasowo-ołowiowy

Schemat automatycznego systemu Black Box składa się z mikrokontrolera Arduino. Ten mikrokontroler Arduino jest używany do interfejsu różnych czujników, które rejestrują różne parametry danych jazdy. Różne stosowane czujniki będą rejestrować temperaturę, położenie pojazdu, czujnik odległości lub bliskości w celu wykrycia przeszkody, obecności jakichkolwiek gazów palnych i przyspieszenia pojazdu. A wszystkie te dane zostaną przesłane na wstępnie zapisany numer za pomocą modulu GPS.

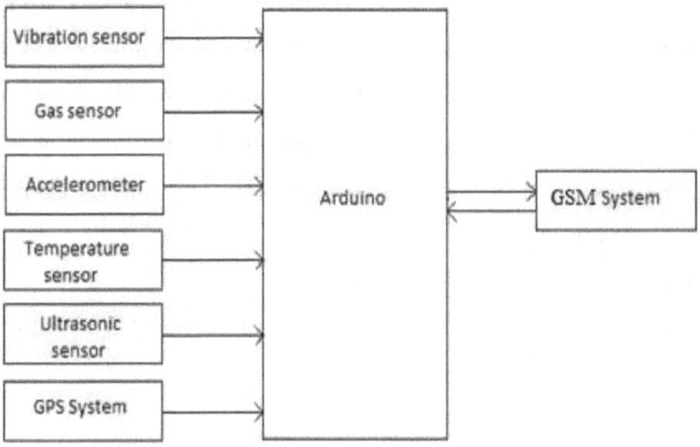

Rys. 2.7 Schemat blokowy Czarnej skrzynki

Schemat systemu Black Box został przedstawiony powyżej. Wymagane komponenty sprzętowe to

- Arduino UNO
- Akcelerometr ADXL335
- Czujnik gazu MQ2
- Czujnik temperatury LM35
- Czujnik ultradźwiękowy HC-SR04
- Czujnik wibracji
- System GPS
- Moduł GSM

2.3 Arduino UNO

Arduino Uno jest płytą mikrokontrolera opartą na ATmega328 (arkusz danych). Posiada 14 styków wejść/wyjść cyfrowych (z czego 6 może być używanych jako wyjścia PWM), 6 wejść analogowych, rezonator ceramiczny 16 MHz, złącze USB, gniazdo zasilania, nagłówek ICSP i przycisk resetowania. Zawiera on wszystko, co jest potrzebne do obsługi mikrokontrolera; wystarczy podłączyć go do komputera za pomocą kabla USB lub zasilić za pomocą zasilacza AC-to-DC lub baterii, aby rozpocząć pracę. UNO różni się od wszystkich poprzednich płyt tym, że nie korzysta z układu sterowników FTDI USB-to-serial. Zamiast tego posiada Atmega16U2 (Atmega8U2 do wersji R2) zaprogramowaną jako konwerter USB na szeregowy. Płytka Uno posiada rezystor ciągnący linię 8U2 HWB do ziemi, co ułatwia przełączenie w tryb DFU. Tablica posiada następujące nowe funkcje:

- 1.0 pin out: dodano piny SDA i SCL, które znajdują się w pobliżu pinu AREF oraz dwa nowe piny umieszczone w pobliżu pinu RESET, IOREF, które umożliwiają dostosowanie ekranów do napięcia podawanego z płytki. W przyszłości, ekrany będą kompatybilne zarówno z płytą wykorzystującą AVR, która pracuje z 5V, jak i z Arduino Due, który pracuje z 3,3V. Drugi to nie podłączony pin, który jest zarezerwowany na przyszłe cele.
- Silniejszy układ RESET.
- ATmega 16U2 zastępuje 8U2.

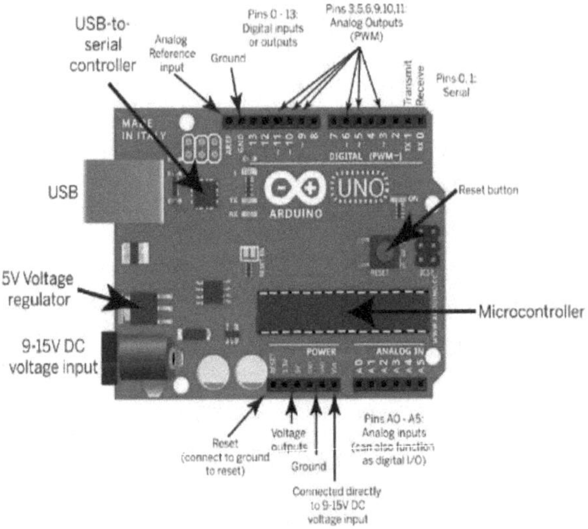

Rys. 2.8 Podstawowe Arduino

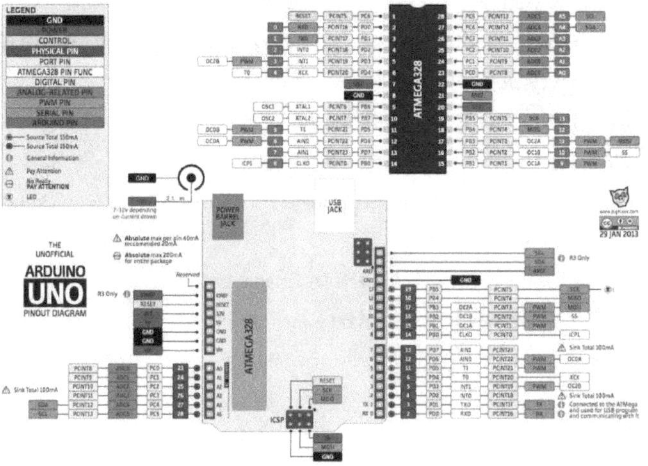

Rys. 2.9 Schemat sworzni Arduino

Kluczowe cechy to -

- Płytki Arduino są w stanie odczytać analogowe lub cyfrowe sygnały wejściowe z różnych czujników i przekształcić je w wyjście np. włączenie silnika, włączenie/wyłączenie diody LED, podłączenie do chmury i wiele innych czynności.
- Możesz sterować funkcjami płyty, wysyłając zestaw instrukcji do mikrokontrolera na płycie poprzez Arduino IDE .
- W przeciwieństwie do większości poprzednich programowalnych płytek, Arduino nie potrzebuje dodatkowego sprzętu, aby załadować nowy kod na płytkę. Można po prostu użyć kabla USB.
- Dodatkowo, Arduino IDE używa uproszczonej wersji C++, co ułatwia naukę programowania.
- Wreszcie, Arduino zapewnia standardową formę, która rozbija funkcje mikrokontrolera na bardziej dostępny pakiet.

Specyfikacje

- Mikrokontroler ATmega328
- Napięcie robocze 5V
- Napięcie wejściowe (zalecane) 7-12V

- Napięcie wejściowe (limity) 6-20V
- Cyfrowe wtyki we/wy 14 (z czego 6 zapewnia wyjście PWM)
- Analogowe kołki wejściowe 6
- Prąd stały na styk We/Wy 40 mA
- Prąd stały dla bolca 3,3 V 50 mA
- Pamięć flash 32 KB (ATmega328) w tym 0,5 KB wykorzystywane przez bootloader
- SRAM 2 KB (ATmega328)
- EEPROM 1 KB (ATmega328)
- Prędkość zegara 16 MHz

2.4 Czujniki

2.4.1Accelerometr (ADXL335)

ADXL335 jest małym, cienkim, niskoenergetycznym, kompletnym 3-osiowym przyspieszeniomierzem z kondycjonowanymi sygnałowo wyjściami napięciowymi. Produkt mierzy przyspieszenie z minimalnym pełnym zakresem ±3 g. Może mierzyć przyspieszenie statyczne grawitacji w zastosowaniach z czujnikami pochylenia, jak również przyspieszenie dynamiczne wynikające z ruchu, wstrząsu lub wibracji.

Użytkownik wybiera szerokość pasma akcelerometru za pomocą kondensatorów CX, CY i CZ na pinach XOUT, YOUT i ZOUT. Szerokość pasma może być dobrana w zależności od zastosowania w zakresie od 0,5 Hz do 1600 Hz dla osi X i Y oraz w zakresie od 0,5 Hz do 550 Hz dla osi Z.

ADXL335 dostępny jest w małym, niskoprofilowym, 4 mm × 4 mm × 1,45 mm, 16-pozycyjnym opakowaniu z liniałami z tworzywa sztucznego (LFCSP_LQ).

Cechy charakterystyczne

- Wyczuwanie 3-osiowe
- Mały, niskoprofilowy pakiet

- 4 mm × 4 mm × 1,45 mm LFCSP
- Niska moc - 350 μA (typowa)
- Praca z pojedynczym zasilaniem1,8 V do 3,6 V
- 10.000 g przeżycia wstrząsu
- Doskonała stabilność temperaturowa
- Regulacja BW za pomocą jednego kondensatora na oś
- Zgodność z dyrektywą RoHS/WEEE bezołowiowa

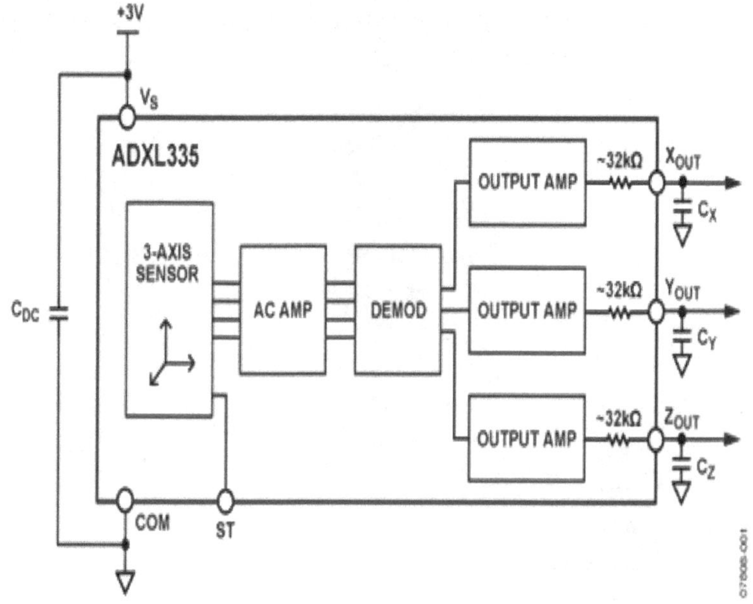

Rys. 2.10 Akcelerometr

Aplikacje

- Aplikacje czułe na koszty, o niskiej mocy, z czujnikami ruchu i pochylenia
- Urządzenia przenośne
- Systemy do gier
- Zabezpieczenie napędu dysku twardego
- Stabilizacja obrazu
- Urządzenia sportowe i zdrowotne

2.4.2 Czujnik gazu (MQ2)

Moduł MQ-2 Gas Sensor wykrywa wycieki gazu w domu i w przemyśle. Czujniki gazowe z serii MQ wykorzystują wewnątrz małą grzałkę z czujnikiem elektrochemicznym. Są one wrażliwe na szereg gazów i są stosowane w pomieszczeniach w temperaturze pokojowej. Wyjście jest sygnałem analogowym i może być odczytywane za pomocą wejścia analogowego Arduino. MQ2 posiada czujnik elektrochemiczny, który zmienia swoją rezystancję dla różnych stężeń różnych gazów. Czujnik jest połączony szeregowo ze zmiennym rezystorem w celu utworzenia obwodu dzielnika napięcia, a zmienny rezystor służy do zmiany czułości. Gdy jeden z elementów gazowych zetknie się z czujnikiem po podgrzaniu, zmienia się jego oporność. Zmiana rezystancji zmienia napięcie w całym czujniku i napięcie to może być odczytane przez mikrokontroler.

Rys. 2.11 Czujnik gazu (MQ2)

Cechy1

. Szeroki zakres wykrywania2

. Wysoka czułość i szybka reakcja3

. Długa żywotność i stabilność4

. Prosty obwód napędowy

Dzięki szybkiemu czasowi reakcji i wysokiej czułości, pomiary mogą być wykonywane tak szybko, jak to możliwe. Czułość czujnika może być regulowana za pomocą potencjometru.

Zastosowanie

Jest on przydatny w wykrywaniu wycieków gazu LPG, propanu, metanu, i-butanu, alkoholu, wodoru i dymu.

2.4.3Temperaturowy czujnik (LM35)

Seria LM35 to precyzyjne czujniki temperatury w układzie scalonym, których napięcie wyjściowe jest liniowo proporcjonalne do temperatury Celsjusza (stopnia Celsjusza). Dzięki temu LM35 ma przewagę nad liniowymi czujnikami temperatury kalibrowanymi w ° Kelvina, ponieważ użytkownik nie musi odejmować dużego stałego napięcia od swojego wyjścia, aby uzyskać wygodne skalowanie Centigrade. LM35 nie wymaga żadnej zewnętrznej kalibracji ani przycinania, aby zapewnić typowe dokładności ±1⁄4°C w temperaturze pokojowej oraz ±3⁄4°C w pełnym zakresie temperatur od -55 do +150°C. Niski koszt jest zapewniony przez przycinanie i kalibrację na poziomie wody.

Niska impedancja wyjściowa LM35, liniowe wyjście oraz precyzyjna kalibracja wewnętrzna sprawiają, że podłączenie do układu odczytu lub sterowania jest szczególnie łatwe. Może być stosowany z pojedynczymi zasilaczami, lub z zasilaczami plus i minus. Ponieważ pobiera tylko 60 µA ze swojego zasilania, ma bardzo niskie samoogrzewanie, mniej niż 0,1°C w nieruchomym powietrzu. Model LM35 jest przeznaczony do pracy w zakresie temperatur od -55° do +150°C, natomiast model LM35C jest przeznaczony do pracy w zakresie od -40° do +110°C (-10° z większą dokładnością). Seria LM35 jest dostępna w hermetycznych opakowaniach tranzystorowych TO-46, natomiast LM35C, LM35CA i LM35D są również dostępne w opakowaniach tranzystorowych z tworzywa sztucznego TO-92. Model LM35D jest również dostępny w 8-pozycyjnym opakowaniu do montażu powierzchniowego o małym obrysie oraz w plastikowym opakowaniu TO-220.

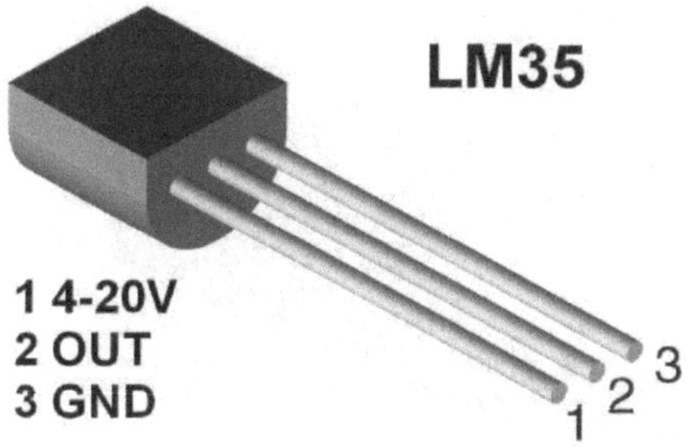

Rys. 2.12 Czujnik temperatury (LM35)

Cechy charakterystyczne

- Kalibrowany bezpośrednio w ° Celsjusza (Centigrade)
- Liniowy + 10,0 mV/°C współczynnik skali
- Dokładność 0,5°C gwarantowana (przy +25°C)

- Znamionowy dla pełnego zakresu od -55° do +150°C
- Nadaje się do zastosowań zdalnych
- Niski koszt dzięki przycinaniu płytki na poziomie wafla
- Pracuje pod napięciem od 4 do 30 woltów
- Mniej niż 60 µA odpływu prądu
- Niskie samoogrzewanie się, 0,08°C w nieruchomym powietrzu
- Tylko nieliniowość ±1⁄4°C typowa
- Wyjście o niskiej impedancji, 0,1 Ω dla obciążenia 1 mA.

2.4.4 Czujnik ultradźwiękowy

Ultradźwiękowy czujnik odległości zapewnia precyzyjne, bezdotykowe pomiary odległości od około 2 cm (0,8 cala) do 3 metrów (3,3 metra). Bardzo łatwo można go podłączyć do mikrokontrolerów takich jak BASIC Stamp, Propeller chip lub Arduino, wymagających tylko jednego pinu I/O. Czujnik działa poprzez nadawanie ultradźwiękowego (znacznie powyżej zasięgu ludzkiego słuchu) impulsu pękania i dostarczenie impulsu wyjściowego, który odpowiada czasowi potrzebnemu na powrót do czujnika echa pękania. Poprzez pomiar szerokości impulsu echa można łatwo obliczyć odległość do celu.

Rys. 2.13 Czujnik ultradźwiękowy

Cechy charakterystyczne

- Zasięg: 2 cm do 3 m (0,8 do 3,3 yd)

- Dioda LED wskaźnika rozerwania pokazuje aktywność czujnika
- Dwukierunkowy interfejs impulsowy TTL na jednym pinie I/O może komunikować się z mikrokontrolerami 5 V TTL lub 3,3 V CMOS.
- Wyzwalacz wejściowy: impuls dodatni TTL, 2 µs min, typ 5 µs.
- Impuls echowy: dodatni puls TTL, minimum 115 µs do maksymalnie 18,5 ms.
- Zgodność z dyrektywą RoHS

Kluczowe dane techniczne

- Napięcie zasilania: +5 VDC
- Prąd zasilania: typ 30 mA; maks. 35 mA
- Komunikacja: Dodatni puls TTL
- Temperatura pracy: 0 – 70° C.
- Wielkość: 22 mm wys. x 46 mm szer. x 16 mm gł. (0,84 cala x 1,8 cala x 0,6 cala)
- Waga: 9g (0,32 oz)

2.4.5 Czujnik wibracji

Ze względu na wysoką czułość czujnik wibracji jest początkowo używany jako przełącznik wibracji; jest on wrażliwy na wibracje otoczenia i zazwyczaj używany do wykrywania siły wibracji otoczenia. Gdy moduł nie osiągnął progu wytrzymałości na wstrząsy lub wibracje, wyjście portu DO osiąga wysoki poziom, a gdy zewnętrzna wytrzymałość na wibracje przekracza próg, wyjście portu D0 osiąga niski poziom. Małe wyjście cyfrowe D0 może być podłączone bezpośrednio do mikrokontrolera, aby mikrokontroler wykrywał niski poziom, a tym samym wibracje otoczenia. Małe wyjście cyfrowe DO może bezpośrednio napędzać moduł przekaźnikowy, który może składać się z przełącznika wibracji.

Specyfikacje

- Domyślny stan przełącznika jest otwarty
- Wyjście cyfrowe
- Napięcie zasilania:3.3V-5V
- Wbudowany układ komparatora napięcia LM393 i sonda z czujnikiem wibracji
- Czułość wykrywania sygnału może być regulowana.
- Wymiary: 3cm x 1,5cm

Konfiguracja pinów

- VCC

- Wyjście
- Ground

Rys. 2.14 Czujnik drgań

2.5 System GPS

Rys. 2.15 System GPS

SKG13C to kompletny moduł silnika GPS, który charakteryzuje się super czułością, ultra niską mocą i małą obudową. Sygnał GPS jest podawany na wejście anteny modułu, a pełny szeregowy komunikat z danymi o pozycji, prędkości i czasie jest prezentowany na interfejsie szeregowym z protokołem NMEA lub protokołem niestandardowym. Jest on oparty na wysokiej wydajności funkcji MediaTek MT3339 architektury jedno-chipowej, jego -165dBm czułość śledzenia rozciąga zasięg pozycjonowania w miejscu jak miejskie kaniony i gęste środowisko liści, gdzie GPS nie było możliwe wcześniej. Niewielki rozmiar i niskie zużycie energii sprawiają, że moduł można łatwo zintegrować z urządzeniami przenośnymi, takimi jak urządzenia PND, telefony komórkowe, kamery i systemy nawigacji samochodowej.

Aplikacje

- LBS (Location Based Service) "
- PND (przenośne urządzenie nawigacyjne) "
- System nawigacji samochodowej "
- Telefon komórkowy

Cechy charakterystyczne

- Bardzo wysoka czułość: -165d
- Niezwykle szybkie TTFF przy niskim poziomie sygnału "
- Wbudowany 12 wielotonowy aktywny tłumik zakłóceń "
- Niski pobór mocy: Typowe 18mA przy 3.3V "
- ±10ns wysoka dokładność impulsu czasowego (1PPS) "
- Zaawansowane funkcje: Always Locate; AIC; EPO; EASY
- QZSS,KOMUŚ(WAAS,EGNOS,MSAS,GAGAN) "
- Detekcja i kompensacja wielu ścieżek wewnątrz i na zewnątrz "
- Małe wymiary: 15x13x2,2mm "
- Zgodność z dyrektywą RoHS (bezołowiowa)

2.6 Moduł GSM

Rys. 2.16 Moduł GSM

GSM/GPRS Modem-RS232 zbudowany jest z dwupasmowego silnika GSM/GPRS - SIM900A, pracuje na częstotliwości 900/ 1800 MHz. Modem jest dostarczany z interfejsem RS232, który pozwala na podłączenie komputera PC jak i mikrokontrolera z chipem RS232 (MAX232). Szybkość transmisji jest konfigurowalna od 9600-115200 poprzez polecenie AT. Modem GSM/GPRS posiada wewnętrzny stos TCP/IP umożliwiający połączenie z internetem przez GPRS. Nadaje się do aplikacji SMS, Voice, jak również transferu danych w interfejsie M2M. Pokładowy zasilacz regulowany pozwala na podłączenie szerokiego zakresu nieregulowanego zasilania. Za pomocą tego modemu można wykonywać połączenia audio, wysyłać wiadomości tekstowe i uczestniczyć w połączeniach przychodzących, a internet działać za pomocą prostych poleceń AT.

Cechy:

- Dwuzakresowy GSM/GPRS 900/1800MHz.
- Konfigurowalna prędkość transmisji.
- Uchwyt na kartę SIM.
- Wbudowana dioda LED stanu sieci.
- Wbudowany potężny stos protokołów TCP/IP do przesyłania danych internetowych przez GPRS.

Aplikacje:

- Urządzenia kontroli dostępu.
- Zarządzanie łańcuchem dostaw.

Specyfikacje:

Tabela 1 Specyfikacje modułu GSM

Parameter	Value
Operating voltage	+12v DC
weight	<140g

3.Wymagania dotyczące oprogramowania

3.1 Oprogramowanie Arduino (IDE)

Zintegrowane środowisko programistyczne Arduino - lub Arduino Software (IDE) - zawiera edytor tekstu do pisania kodu, obszar wiadomości, konsolę tekstową, pasek narzędzi z przyciskami dla wspólnych funkcji oraz szereg menu. Łączy się z urządzeniami Arduino i Genuino, aby przesyłać programy i komunikować się z nimi.

Platforma sprzętowa Arduino stała się wszechobecna w środowisku hobbystów technologii, a osoby nie będące technologiami poznają ją, ponieważ jest tak prosta w obsłudze. Jednak doświadczeni programiści mogą również korzystać z tej platformy obliczeń fizycznych z gotowym kodem, ale mogą być sfrustrowani zbyt prostym interfejsem graficznym, który jest dołączony do oprogramowania arduino.

3.2 Instalacja oprogramowania Arduino

Etap 1

Pobierz wszystkie niezbędne oprogramowanie i pliki. To obejmuje:

- Kod źródłowy Arduino, dostępny od [1]. Opcjonalnie można również pobrać pakiet oprogramowania dla swojej platformy (Windows/Linux/OSX), który zawiera wszystkie predefiniowane pliki C++, które sprawiają, że arduino jest uruchamiane, a także prosty Java GUI przeznaczony dla osób nie będących programistami.
- AVR-GCC, który jest kompilatorem dla serii mikrokontrolerów AVR (serce Arduino). Dla użytkowników Windows otrzymaj WinAVR [2]
- Środowisko Runtime Java 32- i 64-bitowe są dostępne w Oracle.
- Zaćmienie IDE dla C/C++ [3], gdzie będziesz robił swoje kodowanie i przesyłał kod do swojego Arduino. Pobierz tę samą wersję (32-bitową lub 64-bitową) co Twoja wersja Javy.

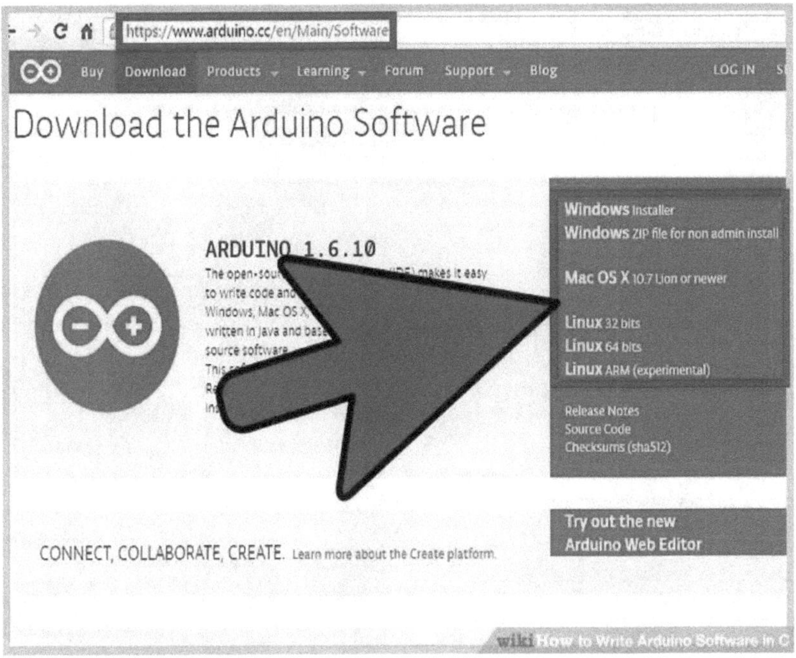

Rys. 3.1 Pobieranie wszystkich niezbędnych programów i plików

Etap 2

Ustawcie Zaćmienie IDE. Najpierw należy zainstalować WinAVR lub AVR-GCC. Następnie rozpakuj Zaćmienie IDE do własnego, dedykowanego folderu.

- Zaćmienie uruchamiania i wybierz domyślny obszar roboczy
- Przejdź do Pomocy --> Zainstaluj nowe oprogramowanie
- W polu "Pracuj z" wpisz_"http://avr-eclipse.sourceforge.net/updatesite" (bez cudzysłowów) i kliknij "Dodaj".
- Wybierz wtyczkę AVR Eclipse Plugin, wybierz Next i zainstaluj
- Po pomyślnym zainstalowaniu, trzeba będzie ponownie uruchomić Eclipse

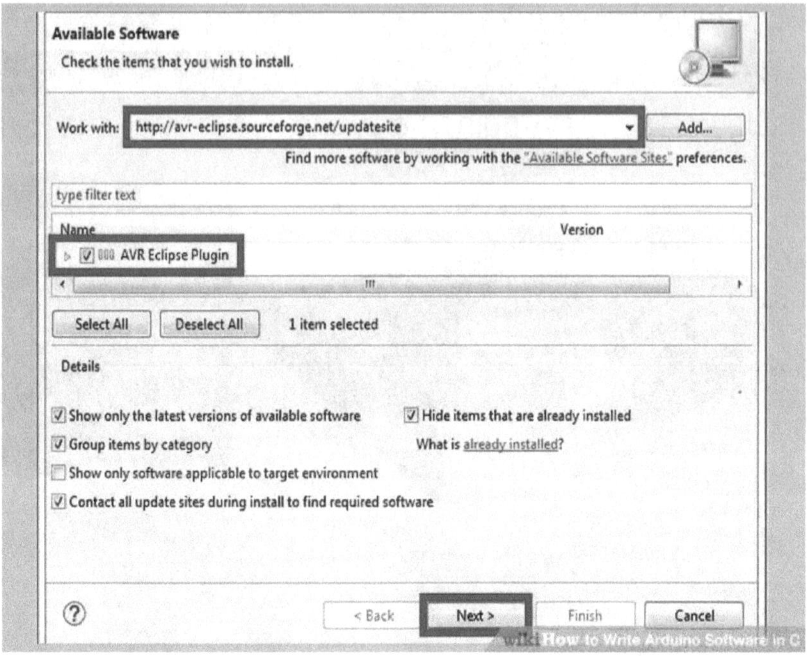

Rys. 3.2 Ustawienie zaćmienia IDE

Etap 3

Utwórz projekt C++ w Zaćmieniu i użyj następujących ustawień;

- Wykonaj projekt typu "AVR Cross Target Application".
- Upewnij się, że "Debug" jest NIEZABEZPIECZONY przy wyborze opcji "Build Configurations" (i upewnij się, że "Release" jest ZABEZPIECZONY).
- W przypadku pytań o szczegóły dotyczące sprzętu, należy wybrać odpowiednią częstotliwość (zazwyczaj 16000000 Hz) i odpowiedni mikrokontroler.

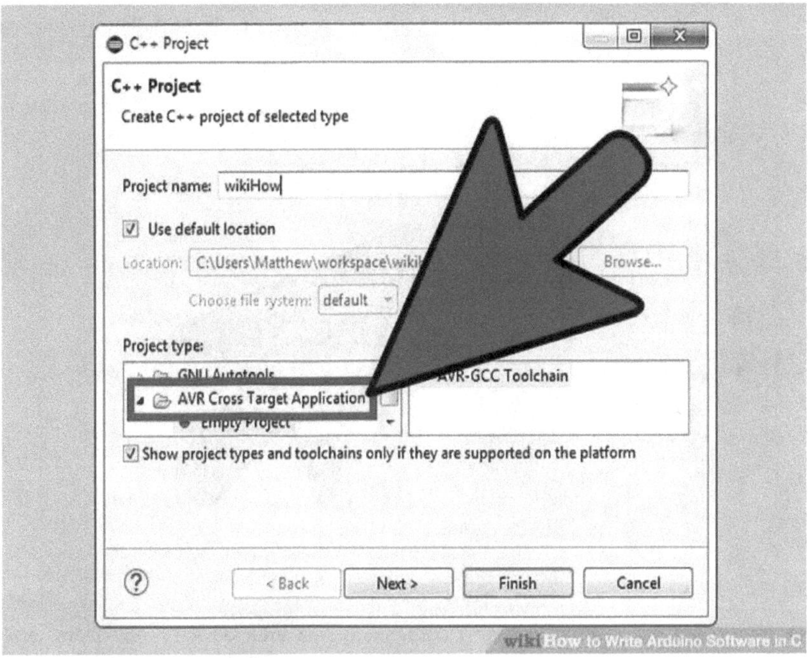

Rys. 3.3 Tworzenie projektu C++ w zaćmieniu

Etap 4

- Wyciągnij najnowszą wersję oprogramowania arduino z ich strony internetowej. Skopiuj cały folder 'hardware'uarduino' do folderu twojego projektu. Teraz, gdy Eclipse jest zainstalowane i wtyczka jest skonfigurowana, od teraz jest to jedyny folder potrzebny do uruchamiania nowych projektów Arduino od podstaw!

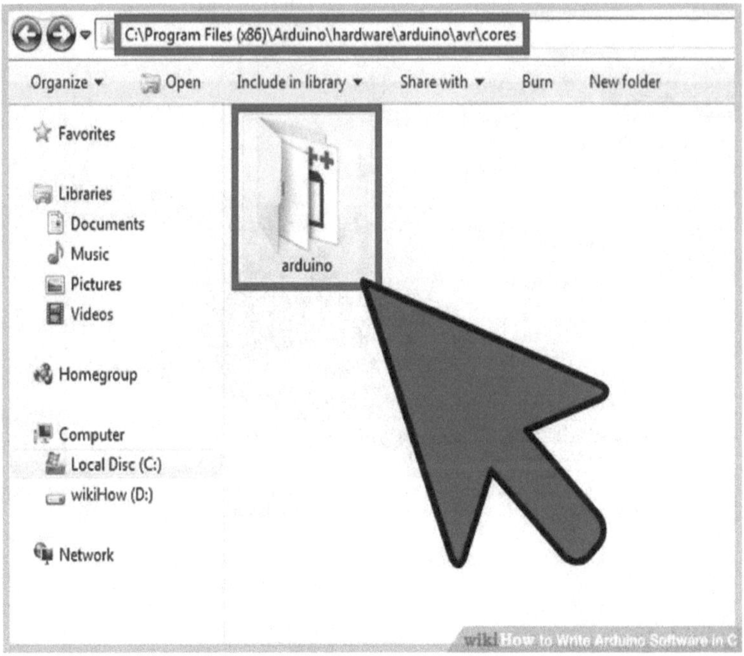

Rys. 3.4 Wyciągnięcie najnowszej wersji oprogramowania arduino z ich strony internetowej

Krok 5

- Stwórz main.cpp gdzie napiszesz swój kod dla Arduino, w którym jak zwykle zadeklarujesz główne elementy tj. void setup, void loop i int main. Na przykład(W main.cpp(The main Arduino Code)). Włączyć "WProgram.h" (z cudzysłowami) również w tym nagłówku; to łączy go z całym kodem arduino. UWAGA: Od Arduino 1.0, włącz "Arduino.h" zamiast "WProgram.h". Ponadto, dołącz odpowiedni plik "pins_arduino.h" z arduino-1.0.1 \hardware`arduino`varvarts. Arduino Uno używa wariantu "standardowego". Zmiany te zostały wprowadzone w wydaniu 2011.11.30 Arduino 1.0, zgodnie z plikiem revisions.txt, który instaluje się wraz z IDE.

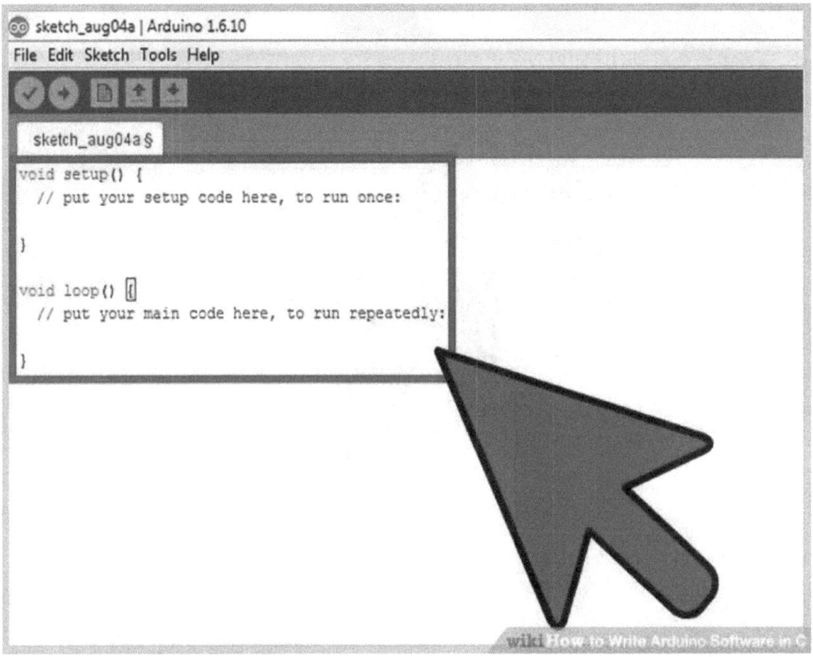

Rys. 3.5 Tworzenie main.cpp, na którym zapisujesz swój kod

Etap 6

Opcjonalnie: Naprawić wszelkie błędy kompilatorów w oprogramowaniu arduino. Błędy kompilatora będą różne dla każdego w zależności od tego, jaki był Twój błąd, o czym musisz się dowiedzieć na własną rękę lub w komentarzach, bo to zależy od przypadku. Począwszy od arduino v0018, może to obejmować następujące zmiany;

- main.cpp; usuń "#include <WProgram.h>" na górze, i upewnij się, że "main.h" jest dołączone zamiast niego
- Tone.cpp; zmień dwa ostatnie zawierają, <wiring.h>&<pins_arduino.h>, aby mieć cudzysłowy zamiast nawiasów ("wiring.h" & "pins_arduino.h")
- Print.h; deklaracja funkcji "void function(int inputs) = 0;" musi być zmieniona na "void function(int inputs);", lub innymi słowy, należy skasować "= 0", aby nie była to czysto wirtualna funkcja+++++.

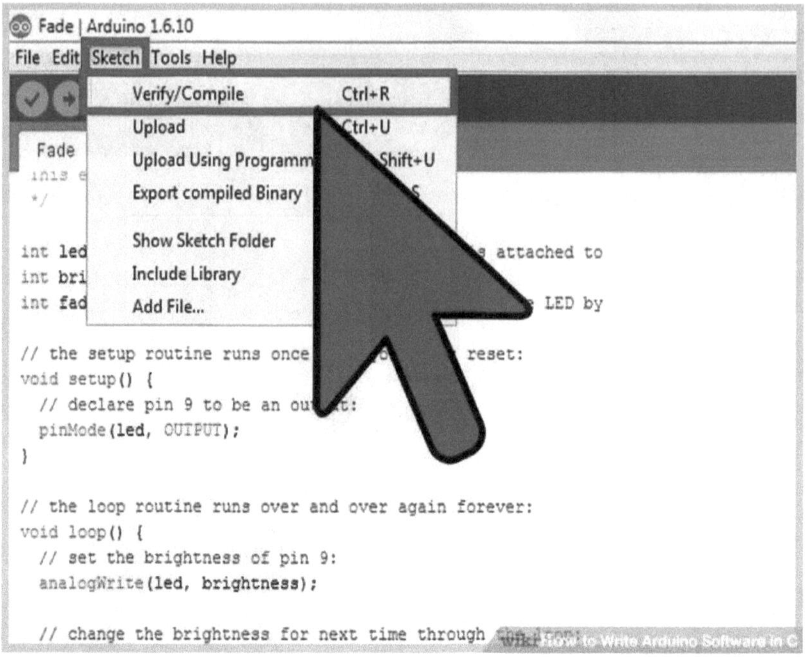

Rys. 3.6 Naprawa błędów kompilatora w oprogramowaniu arduino

3.3 Szkice do pisania

Programy napisane przy użyciu oprogramowania Arduino Software (IDE) nazywane są szkicami. Szkice te są zapisywane w edytorze tekstowym i zapisywane z rozszerzeniem pliku .ino. Edytor posiada funkcje wycinania/wklejania oraz wyszukiwania/wymiany tekstu. W obszarze komunikatów wyświetlane są informacje zwrotne podczas zapisywania i eksportowania, a także błędy. Konsola wyświetla tekst wysyłany przez oprogramowanie Arduino (IDE), w tym kompletne komunikaty o błędach i inne informacje. W prawym dolnym rogu okna wyświetlana jest skonfigurowana płyta i port szeregowy. Przyciski na pasku narzędzi pozwalają na weryfikację i przesyłanie programów, tworzenie, otwieranie i zapisywanie szkiców oraz otwieranie monitora szeregowego.

Uwaga: Wersje oprogramowania Arduino (IDE) przed 1.0 zapisanymi szkicami z rozszerzeniem .pde. Możliwe jest otwarcie tych plików w wersji 1.0, zostaniesz poproszony o zapisanie szkicu z rozszerzeniem .ino.

Dodatkowe komendy znajdują się w obrębie pięciu menu: Plik, Edycja, Szkic, Narzędzia i Pomoc. Menu jest wrażliwe na kontekst, co oznacza, że dostępne są tylko te pozycje, które są istotne

VerifyChecks
Your code for errors compiling it.

UploadCompiles
your code and uploads it to the configured board. Szczegółowe informacje znajdują się poniżej.

NewCrealizuje
nowy szkic.

OpenPrezentuje
menu wszystkich szkiców w Twoim szkicowniku. Kliknięcie go otworzy w bieżącym oknie nadpisując jego zawartość.

SaveZapisuje
twój szkic.

Monitor szeregowy
Otwiera monitor szeregowy.

dla aktualnie wykonywanej pracy.

3.4Plik

- *NewCrealizuje*

  nową instancję edytora, z gołą, minimalną strukturą szkicu już istniejącą.
- *Open Pozwala*

  na załadowanie pliku szkicu przeglądając dyski i foldery komputera.
- *Open RecentProvides dostarcza*

  krótką listę najnowszych szkiców, gotowych do otwarcia.
- *SketchbookPokazuje*

  aktualne szkice w strukturze folderu szkicownika; kliknięcie na dowolną nazwę otwiera odpowiedni szkic w nowej instancji edytora.
- *PrzykładyW*

  tym punkcie menu pojawia się *dowolny*

przykład dostarczony przez oprogramowanie Arduino (IDE) lub bibliotekę. Wszystkie przykłady są zorganizowane w drzewo, które umożliwia łatwy dostęp według tematu lub biblioteki.

- *CloseCloses*

  Przykład oprogramowania Arduino, z którego został kliknięty.

- *SaveZapisywanie*

  szkicu z aktualną nazwą. Jeśli plik nie został wcześniej nazwany, jego nazwa zostanie podana w oknie "Zapisz jako...".

- *Zapisz jako...*

  Pozwala na zapisanie aktualnego szkicu o innej nazwie.

- *Page SetupIt*

  shows the Page Setup window for printing.

- *PrintSyła*

  bieżący szkic do drukarki zgodnie z ustawieniami określonymi w Ustawieniu strony.

- *Preferencje Otwiera*

  okno Preferencje, w którym można dostosować niektóre ustawienia IDE, jako języka interfejsu IDE.

- *Zamyka*

  wszystkie okna IDE. Te same szkice otwarte po wybraniu opcji Quit zostaną automatycznie ponownie otwarte przy następnym uruchomieniu IDE.

3.5Edit

- *Cofnij/ponownie Przejdź do*

  tyłu o jeden lub więcej kroków, które wykonałeś podczas edycji; po powrocie możesz przejść do przodu z Redo.

- *WytnijRemuje*

  zaznaczony tekst z edytora i umieszcza go w schowku.

- *CopyDuplikuje*

  zaznaczony tekst w edytorze i umieszcza go w schowku.

- *Skopiuj dla ForumKopiuje*

  kod twojego szkicu do schowka w formie odpowiedniej do zamieszczenia na forum, wraz z kolorowaniem składni.

- *Skopiuj jako HTMLKopiuje*

  kod twojego szkicu do schowka jako HTML, nadający się do osadzenia na stronach internetowych.

- *WklejPozostawia*

  zawartość schowka w pozycji kursora, w edytorze.
- *Wybierz AllSelects*

  i zaznacz całą zawartość edytora.
- *Comment/UncommentPuts*

  lub usuwa znacznik komentarza // na początku każdego wybranego wiersza.
- *Zwiększ/zmniejsz IndentAddy*

  lub odejmij spację na początku każdego zaznaczonego wiersza, przesuwając tekst o jedną spację w prawo lub eliminując spację na początku.
- *Find Otwiera*

  okno Find and Replace, w którym można określić tekst do przeszukania wewnątrz bieżącego szkicu według kilku opcji.
- *Find NextHighlights*

  następne wystąpienie - jeżeli występuje - łańcucha określonego jako wyszukiwana pozycja w oknie Find, w stosunku do pozycji kursora.
- *Find PreviousPodświetla*

  poprzednie wystąpienie - jeżeli występuje - łańcucha określonego jako pozycja wyszukiwania w oknie Find względem pozycji kursora.

3.6 Szkic

- *Verify/CompileChecks*

  your sketch for errors compiling it; it will report memory usage for code and variables in the console area.
- *Upload*

  Kompiluje i ładuje plik binarny na skonfigurowaną płytę poprzez skonfigurowany port.
- *Upload Using Programmer*

  This will overwrite the bootloader on the board; you will need to use Tools > Burn Bootloader to restore it and be able to Upload to USB serial port again. Pozwala to jednak na wykorzystanie pełnej pojemności pamięci Flash do wykonania szkicu. Proszę pamiętać, że to polecenie nie spowoduje wypalenia bezpieczników. Aby to zrobić, musi zostać wykonane polecenie *Tools -> Burn Bootloader*.
- *Eksport skompilowanego*

  pliku *BinarySaves zapisuje*

plik .hex, który może być przechowywany jako archiwum lub wysłany do płyty za pomocą innych narzędzi.

- *Show Sketch Folder Otwiera*

  aktualny folder szkiców.

- *Include Library*

  Dodaje bibliotekę do szkicu poprzez wstawienie #include statements at the start of your code. Więcej szczegółów znajdziesz w bibliotekach poniżej. Dodatkowo, z tego punktu menu można uzyskać dostęp do Menedżera Bibliotek i importować nowe biblioteki z plików .zip.

- *Dodaj plik...*

  Dodaje plik źródłowy do szkicu (zostanie on skopiowany z bieżącej lokalizacji). Nowy plik pojawia się w oknie szkicu z nową zakładką. Pliki można usunąć ze szkicu za pomocą zakładki dostępnej z menu, klikając na ikonę małego trójkąta poniżej monitora szeregowego, znajdującego się po prawej stronie paska narzędzi.

3.7 Narzędzia

- *Automatyczne formatowanieTo*

  ładnie sformatuje Twój kod: tzn. wbije go tak, że otwierające i zamykające się kręcone nawiasy klamrowe ustawią się w linii, a stwierdzenia wewnątrz kręconych nawiasów są bardziej wcięte.

- *Archiwum SketchArchiwa*

  kopię aktualnego szkicu w formacie .zip. Archiwum jest umieszczone w tym samym katalogu co szkic.

- *Fix Encoding & ReloadFix usuwa*

  ewentualne rozbieżności pomiędzy kodowaniem mapy drogowej edytora a mapami drogowymi innych systemów operacyjnych.

- *Serial Monitor Otwiera*

  okno monitora szeregowego i inicjuje wymianę danych z dowolną podłączoną płytą na aktualnie wybranym porcie. Zwykle resetuje się płytę, jeśli obsługuje ona Reset nad otwarciem portu szeregowego.

- *Tablica*

  Wybierz tablicę, której używasz.

- *Port*

  To menu zawiera wszystkie urządzenia szeregowe (rzeczywiste lub wirtualne) w Twojej maszynie. Powinien on automatycznie odświeżać się po każdym otwarciu menu narzędzi górnego poziomu.

- ProgrammerWybranie programatora sprzętowego podczas programowania płyty lub układu scalonego i nie używanie wbudowanego połączenia szeregowego USB. Normalnie nie będziesz tego potrzebował, ale jeśli spalisz bootloader do nowego mikrokontrolera, użyjesz tego.
- BurnBootloaderPunkty w tym menu pozwalają na wypalenie bootloadera na mikrokontrolerze na płycie Arduino. Nie jest to wymagane przy normalnym użytkowaniu płyty Arduino lub Genuino, ale jest użyteczne przy zakupie nowego mikrokontrolera ATmega (który normalnie jest dostarczany bez bootloadera). Upewnij się, że wybrałeś właściwą tablicę z menu Tablice, zanim wypalisz bootloader na docelowej tablicy. To polecenie ustawia również odpowiednie bezpieczniki.

3.8 Pomoc

Tutaj znajdziesz łatwy dostęp do wielu dokumentów, które są dostarczane z oprogramowaniem Arduino (IDE). Masz dostęp do strony Getting Started, Reference, tego przewodnika do IDE i innych dokumentów lokalnie, bez połączenia z Internetem. Dokumenty te są lokalnymi kopiami dokumentów online i mogą zawierać odsyłacze do naszej strony internetowej.

- *Znajdź w odnośniku Jest*

to jedyna interaktywna funkcja menu Pomoc: bezpośrednio wybiera odpowiednią stronę w lokalnej kopii odnośnika dla danej funkcji lub polecenia pod kursorem.

3.9 Szkicownik

Oprogramowanie Arduino (IDE) wykorzystuje koncepcję szkicownika: standardowe miejsce do przechowywania programów (lub szkiców). Szkice w szkicowniku można otworzyć z menu Plik > Szkicownik lub za pomocą przycisku Otwórz na pasku narzędzi. Przy pierwszym uruchomieniu oprogramowania Arduino, automatycznie utworzy ono katalog dla Twojego szkicownika. Lokalizację szkicownika można wyświetlić lub zmienić za pomocą okna dialogowego Preferencje.

3.10 Zakładki, wiele plików i kompilacja

Pozwala na zarządzanie szkicami z więcej niż jednego pliku (każdy z nich pojawia się w swojej zakładce). Mogą to być zwykłe pliki kodu Arduino (bez widocznego rozszerzenia), pliki C (.c rozszerzenie), pliki C++ (.cpp), lub pliki nagłówkowe (.h).

3.11Uploading

Przed przesłaniem szkicu należy wybrać odpowiednie elementy z menu Narzędzia > Tablica i Narzędzia > Port. Po wybraniu odpowiedniego portu szeregowego i płytki, naciśnij przycisk wysyłania na pasku narzędzi lub wybierz element wysyłania z menu Sketch. Aktualne płyty Arduino zresetują się automatycznie i rozpoczną wysyłanie. Na większości płyt widać, że diody LED RX i TX migają w momencie wgrywania szkicu. Oprogramowanie Arduino (IDE) wyświetli komunikat po zakończeniu ładowania lub pokaże błąd.

3.12 Programowanie C

Dennis Ritchie w Bell Labs rozwijał język programowania C w latach 1969-1973. Jest on często definiowany jako język programowania ogólnego i rzeczywiście jest jednym z najczęściej używanych języków wszechczasów. Początkowo wykorzystywano go do zaprojektowania systemu operacyjnego Unix, który spełniał wiele wymagań, zwłaszcza pod względem wydajności.

Miał on wpływ na wiele bardzo znanych i używanych języków, takich jak C++, Objective-C, Java, JavaScript, Perl, PHP i wiele innych. C jest zarówno imperatywem, jak i strukturą. Jest on bardzo odpowiedni zarówno dla procesorów 8-bitowych jak i 64-bitowych, dla systemów posiadających nie tylko kilka bajtów pamięci, ale i terabajtów, a także dla dużych projektów angażujących ogromne zespoły, dla najmniejszych projektów z jednym programistą.

Rzeczywiście, język C ma wiele zalet. Są takie: - Jest mały i łatwy do nauczenia się. - Jest ona niezależna od procesora, ponieważ kompilatory istnieją dla prawie wszystkich procesorów na świecie. Ta niezależność zapewnia coś bardzo przydatnego dla programistów: mogą oni skupić się na algorytmach i poziomach aplikacyjnych swojej pracy, zamiast myśleć o poziomie sprzętowym w każdym wierszu kodu. - Jest to bardzo "niskopoziomowy" język wysokopoziomowy. Jest to jedyny język, który umożliwia tak łatwą interakcję z bazowym silnikiem sprzętowym i to jest powód, dla którego łańcuch narzędziowy Arduino jest oparty na języku C.

4.Kod programujący

```
//=====================================================//

constinttrigPin = 7;
constintechoPin = 6;
Int mot=9;
intalc=A0,temp=A2;
constint x=A5,y=A4,z=A3;
intvib=3;
//=====================================================//
długi czas trwania, cale, cm;
float t=0;
Int a1;
unsigned char sdata=0,rx[40],r;
intla,lo,latt,lonn,gps_chk='0';
floatlath, latl, lonh, lonl, lat, lon;
intx_a=0,y_a=0,z_a=0;
//++++++++++++++++++++++++++++++++++++++++++++++++++++//
nieważne ustawienie() {\i0}
 /położyć tu swój kod konfiguracyjny, /by uruchomić raz:
pinMode(vib, INPUT);
pinMode(mot, OUTPUT);
digitalWrite(mot,LOW);
Serial.begin(9600);
}

nieważna pętla() {\i1}
 /położyć tu swój główny kod, /by biegać wielokrotnie:
if(digitalRead(vib)==0)
 {
digitalWrite(mot,HIGH);
   ping_1();
gas_read();
temp1();
acc_read();
gps_sms();}
/Opóźnienie(1000);
}
nieważne ping_1()
{
pinMode(trigPin, OUTPUT);
digitalWrite(trigPin, LOW);
delayMicroseconds(2);
digitalWrite(trigPin, HIGH);
delayMicroseconds(10);
digitalWrite(trigPin, LOW);
pinMode(echoPin, INPUT);
```

```
duration = pulseIn(echoPin, HIGH);
cale = mikrosekundyToInches(czas trwania);
cm = mikrosekundyToCentymetry (czas trwania);
/Serial.print(cale);
/Serial.print("in, ")");
/Serial.print(cm);
// Serial.print("cm");
// Serial.println();

opóźnienie(100);
}
długie mikrosekundyToInches(długie mikrosekundy)
{
zwrócić mikrosekundy / 74 / 2;
}

longicrosecondsToCentymetry (długie mikrosekundy)
{
zwrócić mikrosekundy / 29 / 2;
}
nieważna temp1()
{
t=analogRead(temp);
t=t*0,4882; //10-bit
// Serial.print("temp:");
// Serial.println(t);
}
voidgas_read()
{
Int j=analogRead(alc);
/Serial.print("alc value:");
a1=j*4.7;
/Serial.println(j);
}
niepodpisany char rxd (nieważny)
{
while (Serial.available()==0);
return(Serial.read());
/Powrót (sdata);
}
voidgps_sms()
{
gps_chk='0';
while(gps_chk=='0')
    {
if(rxd()=="$")
    {
if(rxd()=="G")
```

```
        {
if(rxd()=="P")
         {
if(rxd()=="G")
          {
if(rxd()=="G")
           {
if(rxd()=="A")
            {
gps_chk="1";
dla(r=0;r<36;r++)
             {
rx[r] = rxd();
             }
             /* dla(r=12;r<36;r++)
             {
Serial.write(rx[r]);//rx[r] = rxd();
             }*/
Serial.println();
la=(rx[12]&0x0f)*10+(rx[13]&0x0f);
lath=(rx[14]&0x0f)*10+(rx[15]&0x0f);
             latl=(rx[17]&0x0f)*1000+(rx[18]&0x0f)*100+(rx[19]&0x0f)*10+(rx[20]&0x0f);
lo=(rx[25]&0x0f)*10+(rx[26]&0x0f);
lonh=(rx[27]&0x0f)*10+(rx[28]&0x0f);
             lonl=(rx[30]&0x0f)*1000+(rx[31]&0x0f)*100+(rx[32]&0x0f)*10+(rx[33]&0x0f);
             //----------------- lat-----------------------
lath=lath/60;
latl=(latl/60)/10000;
lat=lath+latl;
latt=lat*10000;
             //------------------ samotny------------------------
lonh=lonh/60;
lonl=(lonl/60)/10000;
lon=lonh+lonl;
lonn=lon*10000;
Serial.println("AT+CMGF=1");    //S ustawia moduł GSM w trybie tekstowym
Opóźnienie(1000); // Opóźnienie 1000 milisekund lub 1 sekundy
Serial.print("AT+CMGS="9542314570\"\r\n");// Zastąpić x numerem telefonu komórkowego
opóźnienie(1000);
Serial.println("I AM IN DANGER PLZ HELP ME");
Serial.print("http://maps.google.com/maps?q=");
Serial.print(la);Serial.print('.');Serial.print(latt);Serial.print(",");//Serial.println(latl);
Serial.print(lo);Serial.print('.');Serial.println(lonn);//16.496390, 80.654752
Serial.println("temp:"+String(t)+" c");
Serial.println("distance in cm:"+String(cm)+" cm");
Serial.println("acl in ppm:"+String(a1)+" ppm");
Serial.println(" X:"+String(x_a)+" Y:"+String(y_a)+" Z:"+String(z_a)));
opóźnienie(100);
```

```
Serial.println((char)26);// Kod ASCII CTRL+Z
opóźnienie(1000);
              }
            }
          }
        }
      }
    }
 }
}
voidacc_read()
{
x_a=analogRead(x);
y_a=analogRead(y);
z_a=analogRead(z);
}
```

5. Wyniki eksperymentalne

Rys. 5.1 Model projektu

Zdjęcie przedstawia model demonstracyjny systemu automatycznej czarnej skrzynki do wykrywania wypadków.

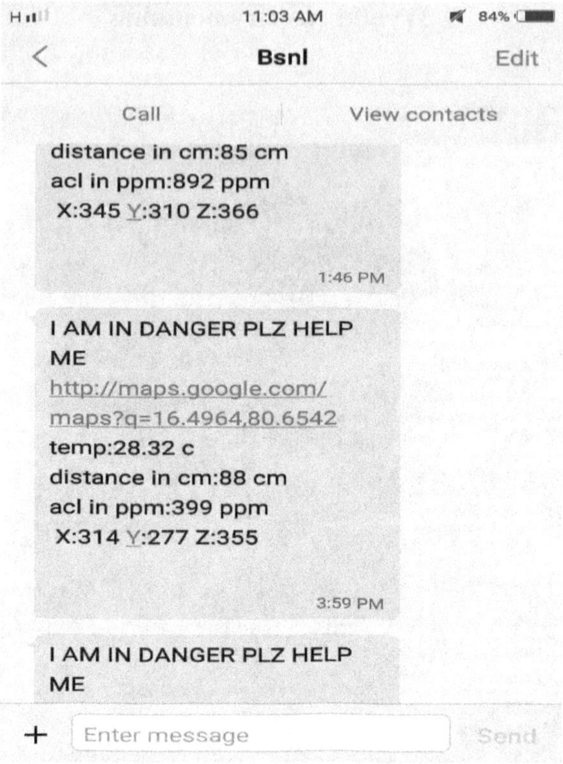

Rys. 5.2 Komunikat alarmowy wysyłany na wcześniej zapisany numer

Ilustracja przedstawia zrzut ekranu komunikatu ostrzegawczego o parametrach danych dotyczących jazdy, który został wysłany do wcześniej zapisanego numeru, gdy doszło do wypadku.

Wniosek

Prototyp systemu Automobile Black Box został zaprojektowany i wdrożony z sukcesem. Projektowany system składa się z 12 czujników, które zostały umieszczone w samochodzie i wokół niego. Każdy z czujników został przetestowany i stwierdzono, że daje pożądane wyjście. Wyjścia te zostały przekazane do kontrolera Arduino.

Zaprojektowany system zawiera również moduł pomocy doraźnej, który automatycznie powiadamia służby medyczne, policję i krewnych o wypadku wraz ze współrzędnymi GPS. Po wykryciu awarii na zapisany wcześniej numer wysyłana jest wiadomość SMS o pomocy.

Referencje

1. ShaileshBhavthankar , Prof.H.G.Sayyed, Shri Shivaji"*Bezprzewodowy system do wykrywania i raportowania wypadków samochodowych przy użyciu akcelerometru i GPS*", International Journal of Scientific & Engineering Research, Tom 6, wydanie 8, sierpień-2015
2. Prof. Ashish B. Dudhale1, Steve Felix , "*Car Black Box System for Accident Predictionand Crash Recovery*", IJESC 2014.
3. AbdallahKassem, RabihJabr, GhadySalamouni, ZiadKhairallahMaalouf, "*Vehicle Black Box System*", Proceedings of the 2nd Annual IEEE System Conference, IEEE 2008.
4. Milind Khanapurkar, Dr.Preeti Bajaj, DakshataGharode, "*A Design Approach for Intelligent Vehicle Black Box System with Intra-vehicular communication using LIN/Flex-ray Protocols*", Proceedings of 2008 IEEE International Conference on Industrial Technology IEEE 2008.
5. D.Malan, T.R.F.Fulford-Jones, M.Welsh, S.Moulton, CodeBlue: infrastruktura sieciowa z czujnikami ad hoc dla opieki medycznej w nagłych wypadkach: Prace warsztatu Mobi-Sys 2004 nad aplikacjami mobilnymi
6. Honda motor co., ltd. "System poduszek powietrznych dla motocykli (informacje prasowe wrzesień 2005),"
7. Elitarne wyposażenie bezpieczeństwa *"3-stopniowy system śledzenia motocykli AcuTrac"*, http://www.gpsfast.com//

FSC
www.fsc.org
MIX
Papier | Fördert
gute Waldnutzung
FSC® C083411

Kolibri 360 GmbH
Ferdinand-Jühlke-Straße 7
99095 Erfurt, Deutschland
produktsicherheit@kolibri360.de

Druck:
CPI Druckdienstleistungen GmbH
im Auftrag der
Kolibri 360 GmbH
Ferdinand-Jühlke-Str. 7
99095 Erfurt